4837

L'ÉTAT, L'ÉGLISE ET L'ENSEIGNEMENT

(Extrait du Bien Public des [...] et [...] novembre 18[..].)

MÂCON,

IMPRIMERIE DE CHASSIPOLLET.

18[..].

L'ÉTAT, L'ÉGLISE

ET

L'ENSEIGNEMENT.

(Extrait du *Bien Public* des 26 et 30 novembre 1843.)

Nous avons toujours pensé qu'il n'y avait point de solution à la question d'enseignement tant que la question religieuse ne serait pas résolue. L'une est tout entière dans l'autre, comme l'ame est dans le corps. Ce qui se passe depuis quelque temps ne peut que nous en convaincre davantage. Nous voulons en dire un mot; mais la plume tremble dans la main quand on va toucher à un sujet si grave et si saint. On craint de blesser même ce qu'on veut guérir. D'un côté la religion, ce premier mystère du cœur de l'homme, dont il ne faut pas même soulever le voile, de peur de la violer en la regardant; de l'autre la raison, cette révélation permanente de Dieu, dont il ne faut sacrifier les droits à aucun respect. D'un côté l'Eglise, cette patrie des ames, cette société des fidèles, à qui il faut laisser la libre administration de ses dogmes et de ses pratiques; d'un autre côté l'Etat, cette société suprême, cette église du temps, cette communion de tous les citoyens, qui doit tout subordonner à sa foi sociale, excepté Dieu lui-même. On n'ose marcher à travers tant de périls, et, si l'on n'était poussé par la conscience, on s'arrêterait au premier pas, et on dirait à Dieu et au temps : « Faites votre œuvre

« vous-mêmes, nous n'y pouvons rien. Que cet abus
« subsiste des siècles encore ! Le monde a bien vécu ainsi
« jusqu'à ce jour, il vivra bien encore après. » Mais
quand on réfléchit que cet abus est à la fois l'oppression
de la conscience, le mensonge de l'enseignement, l'avi-
lissement de l'Etat, l'abdication de la raison, la cause du
scepticisme qui saisit l'homme au passage de l'enfance à
la jeunesse, la confusion de la foi, la perte des ames et
l'extinction de la morale parmi de nombreuses générations ; et quand on est convaincu en même temps que le
sentiment religieux est tout l'homme, que Dieu est le
fond de toute chose, et que les sociétés humaines n'ont
d'autre but sérieux que d'arriver à Dieu par la lumière
et par la vertu, de le manifester et de le servir ; alors on
n'hésite plus, et, au risque de froisser quelques préjugés
et de susciter quelques préventions, on dit avec pru-
dence ce qu'on croit la vérité à son pays : « En matière
« d'enseignement et de religion, nous sommes dans
« le faux. Et pourquoi sommes-nous dans le faux ?
« C'est que nous ne sommes pas dans la liberté ! » Non,
croyants ou sceptiques, catholiques ou dissidents, chré-
tiens ou rationalistes, Etat ou Eglise, ni les uns ni les
autres nous ne sommes dans la liberté. Nous nous
gênons, nous nous contraignons, nous nous opprimons
réciproquement, et, en nous opprimant, nous opprimons
quelque chose de plus saint que nous-mêmes : la vérité !
Oui, la vérité divine que nous étouffons dans notre
faux embrassement, et dont nous sacrifions chacun une
partie à notre apparente concorde, il faut ou la sacrifier
tout-à-fait, ou nous séparer. Il n'y a plus de milieu :
Dieu souffre en nous.

Ce sont les religions qui, au commencement, ont fait
les sociétés. Les lois étaient des dogmes. L'Etat était le
serviteur de l'Eglise ou du sacerdoce. L'un ordonnait ce
que l'autre enseignait. Une croyance unanime, ou ré-
putée telle, était l'ame de l'Etat. Son droit et son devoir
étaient alors de transmettre cette croyance à tous les
enfants de la nation : rien de plus simple. Cette magni-
fique logique de l'Etat enseignant tout, et enseignant

seul, réapparaîtra un jour dans le monde, quand une foi presque unanime aura rallié l'esprit humain. Que Dieu fasse avancer ce jour ! La société aura sa vraie forme alors : la société sera religion.

Le raisonnement philosophique d'abord, les schismes et la Réforme ensuite, la Révolution française enfin, et la dégénération et l'individualité des croyances ont changé cela. On a passé à un système mixte qu'on a appelé tolérance. L'État avait encore son culte et son enseignement comme État ; seulement il ne forçait plus les citoyens, sous peine de mort ou d'exil, de croire et de dire comme lui. L'Assemblée-Constituante a émancipé plus complétement les croyances et l'enseignement ; puis la Convention a dit : *Le culte aux citoyens, l'enseignement à la famille ! mais l'examen de la capacité aux fonctions civiles, à l'État !* Si elle n'eût pas poussé la fureur de la liberté jusqu'à la persécution et jusqu'à la mort, la liberté de croyances et la vérité d'enseignement étaient fondées ce jour-là. Napoléon, ce grand destructeur de toutes les œuvres de la philosophie, s'est hâté de renverser cette liberté, fondement et ame de toutes les autres. Il a fondu de nouveau l'Église dans l'État, l'État dans l'Église ; il a fait subir un sacre au pouvoir civil ; il a fait un concordat ; il a déclaré une religion nationale, et par là même un enseignement aussi : *instrumentum regni !* Il a vendu à faux poids son peuple à l'Église, et l'Église ensuite à son peuple. Cette grande simonie a édifié les simples et scandalisé les vrais fidèles. Toute la contre-révolution de l'esprit humain était dans cet acte. La vraie philosophie et la vraie religion ne doivent jamais le lui pardonner. Cet acte a reculé d'un siècle, peut-être, le règne de la liberté des ames qui s'approchait. — La Restauration se coalisa fortement avec une religion de l'État. L'Église et le Trône, vivant du même principe, entrelacèrent sous terre leurs racines. Elles se sentaient vivre et mourir ensemble. La Révolution de Juillet, après avoir montré brutalement une haine violente contre l'Église, finit par proclamer un grand *non-sens* : une religion de la majorité dans un état des cultes soi-disant libre. La Religion trembla, gémit, se voila quelques jours comme une persécutée ; bientôt elle se rassura, éleva la voix, remplit ses temples ; compta ses forces, triompha d'une réaction heureuse du sentiment religieux dans les ames, qui précipitait la foule au pied des autels ; puis elle recommença à se plaindre avec amertume, et menace enfin, aujourd'hui, de fulminer.

De quoi se plaint-elle ? Le voici. Elle dit qu'elle n'est pas libre d'enseigner, qu'on lui dérobe sa jeunesse, et qu'un corps rival, espèce d'église laïque de l'enseignement, l'Université, qui représente l'Etat, empiète sur ses droits, corrompt ses doctrines, et lui impose des conditions de surveillance et d'examen qui ne la laissent pas tout dominer sans contrôle et tout enseigner sans partage. Ces plaintes sont-elles fondées ? Oui, il est certain que l'Université gêne l'Eglise : premièrement, en existant ; secondement, en exerçant sur les élèves de l'Eglise un droit d'examen avant de les admettre aux fonctions civiles, pour lesquelles l'Etat l'a chargée de constater l'aptitude des citoyens.

De son côté, l'Université dit, avec raison, à l'Eglise : « Je ne me mêle pas de vos dogmes, laissez-moi mes « principes. Par la double puissance de la religion et des « budgets ecclésiastiques, vous entraînez tout à vous. « Prenez le ciel et laissez-moi le siècle, il m'appartient. »

En attendant, l'Etat souffre et s'humilie, et la jeunesse, recevant un double enseignement contradictoire, et tiraillée en sens contraire par la philosophie et par la foi, finit par tomber entre-deux dans le scepticisme, la mort de l'ame. Cela fait frémir sur le sort de l'esprit humain. A quoi cela tient-il cependant, et y a-t-il un remède dans l'état de choses actuel ? Non. Et pourquoi ? Parce que l'état actuel n'est vrai ni pour l'Etat ni pour l'Eglise ; que tous les deux ont tour-à-tour tort et droit de se haïr et de se plaindre, et que dans un état faux on a beau dire : Paix ! il n'y a pas de paix. Cet état est une sorte de transaction impossible entre l'Eglise et l'enseignement laïque, transaction dont le gouvernement est l'arbitre. Cette transaction en elle-

même est loin d'être inique et oppressive contre l'Eglise ;
mais l'Eglise est un corps qui, par sa nature, ne peut pas
transiger. Sa souveraineté est dans sa conscience. Elle
ne peut ni ne doit rien concéder. Sa foi n'est pas à elle,
mais à Dieu. Elle croit, elle ne discute pas. Dans le
système actuel de la transaction, voyons sa situation, à
elle qui demande la liberté !

Sa situation la voici : Elle est la seule grande association autorisée, protégée et salariée dans le pays ;
une nation dans une nation, un Etat dans l'Etat ; une
société à part de la société civile, et presque aussi
nombreuse que le peuple tout entier. Elle a une administration avouée et mixte, moitié ecclésiastique, moitié
civile, avec ses démarcations provinciales qui sont les
évêchés, ses subdivisions territoriales qui sont les paroisses. Elle a six grands dignitaires, les cardinaux
payés et accrédités par l'Etat aux conclaves. Elle a deux
souverains : un temporel, le roi ; un spirituel, le pape ; et
en s'appuyant tour-à-tour, contre le pape, sur le souverain, comme Bossuet sur Louis XIV, ou contre le roi sur
le souverain spirituel, comme l'archevêque de Cologne,
elle peut intimider l'un par l'autre, et prendre de grandes
libertés entre les deux, comme les Libertés de l'Eglise
Gallicane. Elle a un personnel de quatre-vingt-mille ministres des cultes, depuis ces curés, providences pieuses
allant résider sur tous les points habités du sol, pour
être les pères de tous ceux qui naissent, les frères de
tous ceux qui vivent, les anges de tous ceux qui meurent,
jusqu'à ces envoyés de la Foi qui vont la semer par la parole
partout où elle languit, et jusqu'à ces Ordres religieux
qui forment une chaîne non interrompue d'influences
et d'enseignements depuis l'oreille des rois jusqu'au
grabat des indigents, comme les jésuites et les frères-
ignorantins. Ils ont tous les temples, toutes les cathédrales, tous les chapitres, tous les édifices, tous les évêchés,
tous les séminaires, donnés, dotés, réparés, entretenus
aux frais de l'Etat. Ils ont l'autorisation de rassembler et
d'instruire tous les jeunes gens qu'ils peuvent contenir
dans leurs grands séminaires. Ils ont des petits séminaires

où ils prédisposent les enfants pauvres avant l'âge même des vocations raisonnées. Ils ont l'exemption de la conscription, cet impôt de la vie, pour tous ceux qui déclarent leur appartenir. Ils ont les succursales, les prêtres auxiliaires pour les établissements pieux et pour les paroisses. Ils ont les corporations innombrables d'hommes et de femmes, qui vivent de leur esprit et reçoivent leurs inspirations comme une seule ame. Ils ont les fabriques, leurs revenus et leur libre administration. Ils ont le salaire de *trente millions*, pris sur l'impôt et payé par l'Etat au culte catholique. Ils ont le casuel et les messes qui, pour l'universalité de l'empire, ne peut pas s'évaluer moins de dix millions. Ils ont vingt mille bourses de séminaristes, payées par l'Etat pour le recrutement du clergé. Ils ont l'exemption de l'impôt universitaire aux petits et grands séminaires. Ils ont plus de cent millions de biens de main-morte, appartenant moralement à l'Eglise par les corporations qui les possèdent. Ils ont, de plus, l'inépuisable et volontaire impôt des aumônes, qui ne reste pas dans leurs mains, mais qui y passe et qui leur achète les pauvres avec le denier caché de de Dieu. Ils ont tout ce que nous ne savons pas, et cet empire mystérieux des consciences que la loi leur laisse avec respect. Ils ont le droit d'assembler les hommes par masse à toutes les heures, et de leur parler sans contrôle. Ils ont la domination morale de la famille par les femmes et par les mères. Voilà la situation vraie du clergé catholique en France aujourd'hui ! Elle est telle, que si l'on nous disait de choisir entre ces deux conditions, ces deux organisations et ces deux puissances, la puissance de l'Etat en France ou celle du clergé, nous n'hésiterions pas, nous prendrions celle du clergé. Il est plus puissant que l'Etat lui-même ; et, de plus, il est éternel et il est sacré !

Pour contrebalancer cette omnipotence de propagation et d'influences légales, cette possession presque exclusive du pays moral concédé à l'Eglise, qu'est-ce qu'a l'Etat ? Il a un Ministère de l'Enseignement public, dirigeant un corps enseignant laïque appelé l'Université, et doté seulement d'environ onze millions ; quarante-six collèges royaux, deux mille deux cent cinquante bourses, trois cent douze collèges communaux avec quatre cent quatre-vingt-une bourses. Il a, de plus, le droit d'inspecter les maisons d'enseignement, et la charge d'examiner, avant de les déclarer aptes à certaines fonctions publiques, tous les élèves qui sortent de l'enseignement libre, excepté ceux qui déclarent se destiner à l'état ecclésiastique, et dont on respecte à ce titre l'inviolabilité.

Voilà la situation réciproque de l'Église et de l'État, en matière d'enseignement et d'influences, constituée. Voilà la prétendue liberté, voilà la prétendue égalité ! Quel est l'esprit impartial qui ne reconnaisse que, si la transaction était possible, toutes les conditions de prédominance ne soient en faveur de l'Église, et que bien loin d'avoir droit de se plaindre, elle ne dût renfermer sa joie dans son ame et jouir en silence d'un empire que la foi lui doit dans les consciences, que la loi lui donne dans les temples, que les mœurs lui donnent dans le foyer domestique, que le privilège lui donne dans les séminaires, dans l'enseignement, dans les corporations, et enfin que le budget lui donne dans la richesse relative. Mais elle ne s'en contente pas, et elle a raison, car la transaction est impossible entre celui qui doit tout prétendre et celui qui ne peut pas tout concéder.

Or, pourquoi avait-on tenté cette transaction et ce partage impraticable de l'empire entre l'Eglise et l'Etat ? Le voici. C'est que l'amour de la vérité avait cédé, dans l'Eglise et dans l'Etat, à l'amour de la paix. C'est que ni l'un ni l'autre n'ont eu assez de foi pour se résoudre à vivre dans leur indépendance, l'Eglise de sa foi religieuse, l'Etat de sa foi civile, et qu'ils se sont dit tacitement : « Allions-nous pour subsister ensemble. Vous, Eglise, prêtez-moi votre ascendant religieux pour moraliser et discipliner les peuples ! Vous, Etat, prêtez-moi votre autorité morale, votre administration, votre légalité et vos subventions pécuniaires, pour maintenir ma domination sur les ames et pour perpétuer mon établissement temporel. » C'était une faiblesse de la part de l'Eglise, une faiblesse aussi de la part de l'Etat.

Simonie des deux parts !

Ces deux faiblesses se comprennent. L'Eglise sortait d'une persécution, et se trouvait heureuse de s'abriter modeste et docile sous le pouvoir civil, qui lui offrait protection. L'Etat sortait de l'anarchie et devait remonter avec ardeur vers la source de tout ordre et de toute morale, la religion. L'union était profane de la part de l'Eglise, hypocrite de la part de l'Etat ; elle manquait à la foi et à la raison tout ensemble : mais elle était politique. Elle se fit. Pouvait-elle durer sans que la raison fût sacrifiée à l'Eglise, ou l'Eglise contrainte par le pouvoir civil ? Pouvait-elle durer sans que l'Etat ou l'Eglise fussent absorbés l'un par l'autre, ou sans que la guerre intestine et sourde se déclarât entre les deux puissances ? Evidemment, non ; et c'est ce que nous commençons à voir aujourd'hui. L'Eglise dit : Le culte, c'est la foi ; la foi, c'est l'enseignement. Vous m'avez donné le culte, vous me devez l'enseignement ; rien de plus rigoureusement logique. — L'Etat dit : L'enseignement, c'est l'homme ; l'enseignement, c'est l'esprit humain. Si je vous livre l'enseignement, je vous livre l'homme, je vous livre l'esprit humain, je vous livre la civilisation tout entière ; en un mot, j'abdique. Un certain scrupule me retient encore. Je veux bien vous en livrer les neuf dixièmes : je veux bien vous livrer, par exemple, tout l'enseignement religieux, tout l'enseignement domestique, tout l'enseignement populaire, tout l'enseignement des premières années de l'homme jusqu'à seize ans ; mais laissez-moi l'enseignement transcendant, l'enseignement public, l'enseignement pour ainsi dire civil. Cela m'appartient du moins. — L'Eglise réplique : Non ! L'esprit est à vous ; mais je réponds des ames. Si vous ne me laissez pas examiner vos doctrines et contrôler la foi de vos professeurs, je refuse le concours, je me sépare de vous, je ne vous prête plus mon ministère dans vos collèges. — Et encore ici l'Eglise, consciencieuse et convaincue, a raison. Car si elle croit, elle ne peut pas jouer une comédie sacrée en assistant de sa présence l'Etat dans une œuvre qu'elle dit être la perversion de sa foi, ni couvrir

complaisamment de son manteau les fraudes de l'enseignement philosophique qui lui dérobe ses ames entre le
pupitre et l'autel. C'est indigne d'elle ! C'est se jouer des
hommes, c'est trafiquer des enfants, c'est vendre Dieu !
Ses ministres le sentent, et ils protestent en attendant
qu'ils frappent. La politique peut s'en affliger, la foi ne
peut que s'en applaudir, et la raison ne peut que s'en
féliciter. Ces ministres sont respectables dans leur vigi-
lance, ils sont dans leur droit devant Dieu. Seulement
ils oublient une chose : c'est que dans la fausse situation
qu'ils ont acceptée, ils ne sont pas dans leur droit devant l'Etat. Ils veulent faire usage de leur liberté, et ils
ne sont plus libres. Ils ont fait un pacte avec l'Etat, et
ils reçoivent une *sanction* et des *trésors* du pouvoir civil.
Les contrats sont réciproques. Quand on consent à recevoir, on consent à donner. Quand on a aliéné une part
de sa liberté pour un salaire, on ne l'a plus tout entière.
Si l'Etat est enchaîné, vous l'êtes aussi ! S'il vous doit
les cathédrales, les évêchés, les trente millions de traitements religieux, les vingt mille séminaristes, les cent
millions de propriétés de main-morte, la nomination aux
diocèses, l'exécution du concordat, la protection de vos
cérémonies publiques, l'empire incontesté de la famille et
le règne par la foi, vous lui devez le culte. Voilà le contrat !
De deux choses l'une : ou il faut le déchirer, ou il faut le
tenir. Si vous le tenez, vous abdiquez une partie de la
force et de la dignité de votre foi, vous avez un autre
maître que Dieu, vous comptez avec le roi. Si vous le
déchirez, vous renoncez à la force des hommes pour vous
réfugier dans la force de Dieu. Voyons ce qui vaut mieux
pour vous, pour l'Etat, pour la foi, pour la raison,
pour la conscience, pour l'enseignement, pour la morale
humaine, ou de cette union politique qui enchaîne l'Etat
à l'Eglise, la foi à la raison, la tradition à l'examen,
le mouvement à l'immobilité, ou de l'émancipation
franche et complète des deux pouvoirs.

Chose étrange, que depuis cinquante ans nous ayons
donné la liberté à tout le monde, excepté à Dieu !

Quel remède? se demande-t-on; car il en faut un. Les

ajournements ne sont pas des remèdes : ils cachent le mal et ils l'empirent. Comment rentrerons-nous peu à peu dans la triple vérité de la Religion libre, de l'Etat souverain et de l'Enseignement sincère ?

Deux forces opposées régissent le monde moral : la tradition et l'innovation, autrement dites l'autorité et la liberté. Elles sont au monde intellectuel ce que l'attraction et la projection sont au monde physique. Elles les maintiennent à la fois en équilibre et en mouvement. La religion établie est la plus imposante des traditions, et son caractère divin lui fait même contracter l'immuabilité, qui n'appartient à aucune chose humaine. La raison, l'examen, la discussion, la liberté sont les forces d'innovation ; leur puissance, au lieu d'être dans l'immuabilité, est, au contraire, dans leur perpétuelle recherche et dans leur transformation continue. Elles sont les ailes du monde moral, dont la tradition est la règle et le poids. Ces deux forces, aux yeux de l'homme d'Etat religieux, méritent un égal respect ; car l'une et l'autre sont de Dieu. Et si, dans ses législations imprudentes, l'homme d'Etat fait perdre l'équilibre à l'une ou à l'autre de ces forces, il dérange le monde intellectuel et il viole une des lois de la Providence. Avec la religion se rencontrent, le plus ordinairement, l'esprit de discipline, d'obéissance, de conservation, la règle des esprits, le frein des ames, les bonnes mœurs, les œuvres de charité, la vertu désintéressée, le dévouement aux hommes jusqu'au sacrifice, le dévouement à Dieu jusqu'au martyre ! Mais aussi les ignorances, les superstitions, les faiblesses d'esprit, les routines de la pensée, les crédulités pieuses, les nuages, les ténèbres, les fantômes de l'enfance, du temps, vieux vêtements du passé, dont les cultes n'aiment pas à se dépouiller, parce qu'ils font partie, comme dit Bossuet, de leur *antiquité*, et, par conséquent, de leur respect et de leur crédit sur l'imagination des peuples. Avec l'innovation se trouve en général le plus de science, d'intelligence, de raison, de lumière, de perfectibilité des facultés de l'homme ; mais aussi le plus d'incertitude, d'esprit de système, de témérités hasardeuses, de hardiesses passionnées et d'ambitions fiévreuses prêtes à tout renverser pour faire place aux idées neuves et aux hommes nouveaux, même sur des ruines. Et ces deux forces sont cependant nécessaires de la même nécessité. Avec l'idée immobilisée dans une institution immuable, la pensée humaine tarit faute de renouvellement, l'humanité s'engourdit, la société ou la nation tombe en assoupissement ou en servitude. Avec l'innovation seule, la société se précipite et tombe en poussière par l'accélération désordonnée et sans contrepoids de la pensée. Voilà la tradition et l'innovation, l'autorité et la liberté, la religion et la raison. Il faut que ces deux forces soient représentées et servies dans leur juste mesure. Mais qui est-ce qui se chargera de les représenter et de les servir à la fois dans la proportion réelle de leur droit et de leur force? Ces deux puissances sont antipathiques entre elles, et inconciliables par nature. Comment pourraient-elles avoir le même représentant? L'Etat, ou le gouvernement, prétend pouvoir les représenter, lui. Il le prétend; mais il ne le peut pas, ou il ne le pourrait qu'en les trahissant l'une et l'autre, en sacrifiant tour-à-tour la raison à la religion, ou la religion à la raison, suivant ses tendances momentanées et arbitraires, faisant la loi du sacrilège, par exemple, en 1822, et brisant la croix en 1830! C'est là, cependant, notre situation actuelle quant à la religion et quant à l'enseignement. Cela peut-il durer longtemps sans compromettre l'une et l'autre, et sans avilir l'Etat? Et, d'abord, comment l'Etat en est-il venu à ce point d'audace et de déraison d'oser dire à la fois, au nom de quelques citoyens sans titre divin, rassemblés dans une Chambre : « Je vais faire leur part juste à la religion et « à la raison humaine, à Dieu, à la conscience, à « l'esprit humain, en sorte que personne n'ait à se « plaindre. A celle-ci tant d'enseignement catholique! « à celle-là tant d'enseignement philosophique! à Dieu « tant de culte, au siècle tant d'impiété! Cela s'écrira en « chiffres ronds dans mon budget. Cela se divisera en « francs et en centimes, et tout le monde sera content! »

Dérision des choses trois fois saintes de la religion et de la raison !.. La part de Dieu ? ô hommes risibles ! mais c'est lui qui se la fait dans nos ames ! Toute la place que vous y prenez au nom de l'Etat, c'est sur lui que vous l'usurpez ! Retirez-vous de nos pensées ! elles n'appartiennent pas à la loi ! Otez-vous du soleil de nos ames, vous nous le salissez avec votre or, vous nous l'obscurcissez avec vos mains !

Voilà cependant le raisonnement bien simple et bien excusable de l'Etat. Il a mis la main sur sa conscience et il s'est dit : « Je n'ai pas de foi ; cependant il me faut une « foi à tout prix, du moins une foi politique, car j'ai « lu dans l'histoire que tous les gouvernements anciens « avaient une foi nationale ; j'ai lu dans les publicistes « qu'il fallait absolument une religion sensible au « peuple, et, de plus, j'ai lu dans les sophistes qu'il n'y « avait point de religion sans cérémonies et sans culte « officiel ! » Comme si l'ame n'était pas un sanctuaire où pût s'accomplir, entre l'homme et Dieu, entre le prêtre et le fidèle, le saint mystère de la foi, de l'adoration et de la communication avec Dieu ! « Enfin, bien ou « mal, j'ai lu tout cela, et je veux une foi légale et un « ministère des cultes, comme j'ai un ministère de l'agri- « culture et des travaux publics. Le peuple que je gou- « verne n'a pas non plus de foi unanime : les uns croient « à ceci, les autres à cela ; ceux-ci à quelque chose, « ceux-là à rien du tout. Je ne puis pas avoir autant de « religions que ce peuple, cela serait mal séant : l'uni- « formité administrative de mon Ministère des cultes « en serait trop bigarrée. Je vais d'abord en choisir « deux ou trois des plus anciens, des plus visibles. « Ceux-là, je les reconnaîtrai, je les salarierai même, « je les réglementerai. Les autres, je dirai qu'ils n'exis- « tent pas. Religions nouvelles ? portes fermées ! — ce « sera, comme en botanique, *genre inconnu !* »

En partant de ces trois beaux principes dont chacun est un mensonge, l'Etat a cru devoir et pouvoir, en bonne conscience politique, dire aux catholiques : « Je « vais faire du catholicisme pour vous ! » aux dissidents :

« Je vais faire du protestantisme pour vous ! » au siècle rationaliste : « Je vais faire de l'enseignement philosophique pour vous ! » et à toutes les autres pensées religieuses nées ou à naître : « Je vais faire de l'oppression « contre vous ! » Il aurait dû se borner à dire : « Je vais « faire de la liberté pour tout le monde. Je ne suis pas « Dieu, je suis l'Etat ; je ne suis pas du ciel, je suis de « la terre ; je ne suis pas de l'éternité, je suis du siècle. « Mon devoir n'est pas de faire des cultes, mais « de protéger l'inviolabilité et l'indépendance de tous « ceux qui croient honorer Dieu, votre juge et le « mien ! »

Et c'est en partant de ce principe aussi que l'Etat a créé le conflit inextricable entre l'Université et l'Eglise, entre l'enseignement traditionnel et l'enseignement rationnel. Faire la part exacte d'enseignement légal entre la tradition et la philosophie, qui se contredisent en apparence souvent, c'est aussi impossible que de faire la part exacte entre la foi et l'incrédulité ! C'est le sacrilège de l'administration contre la religion, contre la raison, contre le père de famille et contre l'enfant à la fois. Etonnez-vous donc de l'agitation qui s'élève, des justes réclamations des évêques, des justes indignations de la philosophie, des justes appréhensions des pères !.. L'enseignement, c'est la foi du chrétien ! l'enseignement, c'est la foi du protestant ! l'enseignement, c'est la foi de la philosophie ! l'enseignement, c'est la foi de la famille ! Avez-vous mesuré chacune de ces fois, pour ne rien donner à l'une aux dépens de l'autre ? Non, vous n'en savez rien ; vous servez dans les ténèbres, vous agissez au hasard, et vous blessez tout ce que vous touchez. De la suprématie de l'Eglise, avant la Révolution, il est sorti un siècle impie ; de la suprématie de l'Etat, il sortirait un siècle sceptique.

Qu'en résulte-t-il en matière d'Enseignement ?

Qu'en résulte-t-il en matière de Religion ?

Qu'en résulte-t-il, enfin, pour l'Etat ?

Voyons d'abord pour l'Enseignement :

Si l'État avait une foi réelle, sincère et presque unanime, il n'y aurait aucun inconvénient, et il y aurait un
immense avantage à ce que tout l'enseignement fût dans
ses mains. Ses mains étant religieuses, et ses maîtres
étant avoués par la religion, il y aurait accord, ensemble, unité de doctrines. Le corps enseignant laïque ne
serait que l'auxiliaire du corps enseignant ecclésiastique;
la chaire des professeurs ne serait que l'écho de la
chaire de la cathédrale. Tout le monde comprend l'éducation d'une jeunesse ainsi élevée. Elle sort de la maison
paternelle, où elle a sucé la foi avec le lait. Elle passe
dans des collèges de l'État, où elle apprend la foi avec
la science. Enfin, elle entre dans une société où elle re-
trouve la foi dans un culte obligatoire et national. A un
pareil régime, l'enfant, l'adolescent et l'homme, c'est un
seul être. La famille, l'homme et la société sont un avec
la religion. C'est l'ordre idéal de ceux qui rêvent la
sublime théocratie, ou le gouvernement de Dieu! Mais
dans un ordre de choses comme notre ordre imparfait et
misérable, où l'État n'a pas de foi, où l'État ne se subordonne pas à Église, et où, cependant, il veut administrer l'enseignement tantôt d'accord, tantôt concur-
remment avec l'Eglise, où les deux enseignements s'en-
chevêtrent, se froissent, se succèdent et se détruisent,
que se passe-t-il? D'abord, de deux choses l'une : ou
l'État asservit son enseignement à l'Eglise, ou bien il lui
résiste. S'il asservit son enseignement à l'Eglise, il dis-
paraît, il s'anéantit, il lui livre entièrement le siècle et
les générations, il trahit à la fois sa dignité et sa mission,
qui est de servir, de défendre et de propager non pas seulement les traditions immuables, mais le mouvement no-
vateur et ascendant de l'esprit humain. S'il lui résiste, au
contraire! il opprime, il restreint, il contredit, il violente
l'enseignement religieux de l'Eglise, il altère sa foi, et
par-là même il nuit à sa puissance sur les consciences, et
à son efficacité sur les mœurs. Dans l'une ou dans l'autre
hypothèse, mal pour l'État ou mal pour l'Eglise! mais
surtout mal pour l'enfant, et mal pire encore pour la
société! Que voulez-vous, en effet, que devienne
l'homme moral et intellectuel dans un état d'enseigne-

ment et de société où l'enfant, comme ces fils de bar-
bares qu'on trempait tour-à-tour, en naissant, dans l'eau
bouillante et dans l'eau glacée, pour rendre leur peau in-
sensible aux impressions des climats, est jeté tour-à-tour,
ou tout à la fois, dans l'esprit du siècle et dans l'esprit
du sanctuaire, dans l'incrédulité et dans la foi? Il sort
de la maison d'un père peut-être croyant, peut-être sceptique; il a vu sa mère affirmer et son père nier; il entre
dans un collège divisé d'esprit et de tendances. L'enseignement du professeur n'y concorde en rien avec l'enseignement du sacerdoce. En supposant même que ces
deux enseignements se tolèrent et ne se heurtent pas
dans le collège, ils se séparent entièrement à la fin de
l'enseignement élémentaire; et au sortir du collège, dont
les murs garantissent sa foi de l'air du siècle, il trouve à
la porte et dans les cours transcendants la philosophie,
l'histoire, la science, la liberté, le scepticisme qui le
saisissent pour lui enseigner une autre foi. Il lui fau-
drait deux ames, et il n'en a qu'une! On la tiraille et
on la déchire en sens contraire. Les deux enseignements
se la disputent; le trouble et le désordre se mettent dans
ses idées. Il en reste quelques lambeaux à la foi, quelques lambeaux à la raison. Il s'étonne de cette contradiction entre ce qu'on lui disait dans sa famille, ce qu'on
lui enseignait dans son collège, ce qu'on lui démontre
dans ses cours. Il commence à se douter qu'on lui joue
une grande comédie, que la société ne croit pas un mot
de ce qu'elle enseigne, qu'elle a deux fois et deux morales,
deux Dieux dans le ciel, une foi et un Dieu pour les enfants, une foi et un Dieu pour les adolescents, peut-être
une autre foi et un autre Dieu pour les hommes faits. Il
pense en secret qu'il faut que tout cela ne soit pas bien
important pour que la société et l'Etat s'en jouent avec
cette légèreté et avec ce mépris. Sa foi s'éteint; sa raison,
sans ardeur, se refroidit; son ame se sèche, son enthou-
siasme se change en indifférence et en découragement. Il
ne lui reste d'une pareille éducation que juste assez des
deux principes opposés dans l'ame, pour que cette ame
soit une guerre intestine de pensées contraires, et pour
qu'il ne puisse pas même vivre en paix avec lui-même

dans une vie qui a commencé par l'inconséquence et qui se prolonge dans la contradiction. Voilà une partie des mauvais effets de l'enseignement complexe où l'Eglise et l'Etat veulent pactiser sans sincérité, et s'associer en se haïssant. Ils démembrent l'enfant, ils énervent l'homme : car l'homme est foi. Le dernier mot de cet enseignement mixte, c'est perdition des ames !... perdition à la fois pour la religion et pour la raison, pour la religion et pour la civilisation, pour Dieu et pour le siècle !

Mais, en matière de foi et de mœurs, quel est pour l'Eglise elle-même, et pour le sentiment religieux en général, l'effet de cette union légale de l'Eglise et de l'Etat, de ce qui est de la conscience et de ce qui est de la loi, de ce qui passe et de ce qui demeure, de ce qui est de l'éternité et de ce qui est du temps ? Nous l'avons dit, l'équilibre ne peut exister, et s'il existait, il ne serait encore que la cession à parts égales des devoirs de l'Etat et des droits de la conscience. Il ne serait que la main des hommes dans les choses de Dieu : profanation ! ou la main du prêtre, au nom de Dieu, dans les choses du siècle : asservissement ! Mais cela même ne peut exister. Dans le contrat il y a toujours l'un des deux qui l'emporte. Si c'est l'Etat, il subordonne et contraint l'Eglise. Si c'est l'Eglise, elle possède l'Etat, et par l'Etat la société. La civilisation, qui s'est confiée, pour se développer et marcher, à un pouvoir tout humain et mobile comme elle, se réveille enchaînée à l'autel immobile du prêtre. Ou elle cesse de marcher, ou elle marche en arrière. La Religion, justement jalouse et tyrannique, car sa foi lui ordonne la conquête et la garde des ames, emploie la main du pouvoir politique à extirper ou à étouffer tous les germes de *nouveautés* qui peuvent éclore dans l'esprit humain. Toute philosophie est une menace pour elle, tout examen est un danger, tout symbole est un attentat, toute tentative de culte libre est une sédition de la pensée. Livres, temples, enseignement, chaires, tribunes, association, tout se ferme par la loi, ou par l'interprétation de la loi de l'Etat, à l'innovation religieuse. Il faut croire ce que croit l'Eglise nationale ; ou

ne rien croire. De la foi légale à l'absence totale de foi et de culte il n'y a pas d'intermédiaire. Dieu ferait éclater sur la terre et dans le ciel une nouvelle révélation, que cette révélation trouverait la puissance de l'Etat entre l'homme et Dieu ; et si la révélation nouvelle ne commençait pas sur une croix comme celle du Golgotha, elle commencerait au moins dans une prison de police correctionnelle ! Ceux-là donc qui, à tort ou à raison, se sentent inspirés d'une autre pensée religieuse que la pensée religieuse légalisée, sont forcés de la nourrir en silence et dans l'isolement de la foi, sans propagation, sans association, sans parole et sans acte, et par conséquent sans efficacité sur la vie morale. Car toute étincelle qui ne se réunit pas à d'autres et qui ne forme pas un foyer, ne peut communiquer ni vie, ni lumière, ni chaleur, et finit par s'éteindre avec le cœur où elle est tombée. De là la stérilisation complète du champ de Dieu, qui est la pensée humaine. L'Etat s'en est emparé et dit à l'homme qui voudrait le faire fructifier à son tour : « Tu n'y sè-
« meras rien. Je l'ai vendu et je l'ai garanti à deux ou
« trois cultes qui sont venus avant toi. Il n'y a plus de
« place pour l'avenir dans le temps : ce grand champ de
« Dieu, je l'ai borné par la loi. Va prier ailleurs, ou
« ne prie pas du tout ; cela m'est égal. Tant pis pour ta
« vérité si je la froisse, tant pis pour ton Dieu si je le
« gêne. Je n'ai point point de concordat avec ta vérité,
« je n'ai point de concordat avec ton Dieu. J'en ai un
« avec l'Eglise, et je l'exécute. » Quel meurtre d'idées !
quel interdit de conscience ! quel blasphème contre Dieu !
Voilà pour les églises qui voudraient se former et faire
fructifier leur foi sur la terre.

Mais l'Eglise antique et légale elle-même, que devient-elle sous la main de l'Etat qui la contraint en l'honorant ?

Il n'y a que deux situations acceptables pour un pouvoir divin et absolu comme l'Eglise : la domination souveraine, ou la simple liberté. Elle n'est à sa vraie place que là où elle règne ; et quand elle ne règne plus par la souveraineté temporelle, là où elle est libre elle règne

encore par la conscience. Mais le jour où elle fait des-
cendre la foi jusqu'à la loi, au lieu de faire monter la loi
jusqu'à la foi, le jour où elle met Dieu sous la protection
des hommes; le jour où, du régime absolu, qui est le
sien, elle passe au régime mixte des transactions et où
elle fait sa charte avec le pouvoir civil, ce jour-là elle accepte le joug du temps en échange de la liberté des enfants
de Dieu, elle accepte la dépendance en acceptant la force
légale, elle accepte les conditions en acceptant le salaire.
En un mot, elle abdique une partie de sa puissance, de
sa dignité, de son inviolabilité. Je sais bien qu'elle prétend réserver entière la souveraineté du dogme et ne
transiger que sur la discipline. Mais qui marquera le
point précis où la discipline ne tient plus au dogme, et
les conséquences au principe? Que de concessions forcées
ne lui faut-il pas consentir dans le fait, qu'elle ne consent pas dans l'esprit! Voyez Bossuet, Louis XIV, Napoléon, le concordat de 1815, celui de 1817 : que sont
les libertés gallicanes, si ce n'est une véritable Eglise
nationale et un schisme non déclaré? Que sont des usages
revendiqués comme des droits, et défendus par la force,
contre un centre d'autorité qui les nie en les subissant?
Qu'est-ce que cette unité qui se divise, ce respect qui
proteste et qui brave, cette obéissance qui désobéit;
qu'est-ce que ces arrêts du parlement en matière spiri-
tuelle, et ces appels comme d'abus au Conseil d'Etat,
et ces menaces de privation du temporel; si ce ne sont
des violences morales faites par le pouvoir civil à l'autorité souveraine de l'Eglise? Elle baisse la tête, mais
elle souffre dans son autorité religieuse. Et si elle souffre
dans son autorité, souffre-t-elle moins dans sa dignité et
dans son crédit sur les peuples? Gagne-t-elle à parler
aux hommes au nom de l'Etat, au lieu de leur parler au
nom de Dieu seul? Gagne-t-elle à s'associer, pour vivre
et souvent pour périr avec eux, à tous ces pouvoirs qui
passent? Gagne-t-elle à se placer, pour être honorée,
avec les rois, sur les marches de trônes qui s'écroulent,
en adoptant telle ou telle race de princes, telle ou telle
forme de gouvernement, aujourd'hui royaliste, demain
républicaine, impériale après, pour redevenir bourbo-

nienne, et puis autre chose, à la suite de toutes les
fortunes, de toutes les instabilités du pouvoir humain
auquel elle s'attache, et qui l'entraîne successivement
dans toutes ses chutes, dans toutes ses impopularités,
dans tout l'odieux des pouvoirs politiques? Elle s'en
relève, sans doute; mais s'en relève-t-elle aussi majes-
tueuse et aussi pure aux yeux des hommes que si
elle n'eût attaché sa fortune qu'à celui qui ne passe pas
et qu'on ne maudit jamais? Non; elle y laisse toujours
quelque chose de sa dignité et de son empire. Elle y
laisse même de sa foi! Soutenue par les uns, elle est livrée
par les autres. Croit-on que si l'Eglise n'eût pas été nationale à l'époque des schismes, de la Réforme et de la
Révolution française, des empires entiers eussent été
détachés de son centre, et précipités dans la division?
Qu'est-ce qui a jeté la moitié de l'empire d'Allemagne
hors de son sein, détaché la Hollande et la Suisse, sé-
paré l'Eglise grecque et la Russie, sécularisé l'Angleterre et l'Ecosse? répudié, enfin, persécuté, pros-
crit et martyrisé le catholicisme en France, de 1789
à 1794? si ce n'est cette déplorable solidarité du
pouvoir civil et de l'Eglise, qui a fait participer l'une
à toutes les révolutions de l'autre!.. Sans doute, à ce
pacte, l'Eglise a gagné quelques pompes de culte, quelques établissements temporels; mais elle y a perdu ses
âmes par millions! Or, l'empire de la foi ne se compose
pas, à ses yeux, d'établissements temporels, de cérémonies publiques, de cathédrales, de traitements et de
pompes officielles; il se compose d'âmes! Y en a-t-il
plus pour elle, et sont-elles plus à elle dans la liberté
que dans la dépendance du pouvoir civil? Ou, en d'autres
termes, Dieu seul est-il plus fort sur la conscience libre
que les pouvoirs civils ne sont forts sur la conscience
asservie? Voilà toute la question pour l'Eglise. Elle trouvera sa réponse dans sa foi même. Si elle croit à l'intervention divine dans l'œuvre du catholicisme, elle doit
croire que sa foi sera d'autant plus forte et d'autant plus
active, qu'elle empruntera moins l'intervention des dominations civiles. Son Dieu s'est appelé *Verbe*, et jamais
loi, trône ou *épée*. Qu'elle n'enchaîne donc pas son

Verbe libre, car c'est son Dieu lui-même qu'elle enchaî-
nerait! Plus il sera libre, plus il sera Dieu!

Ecoutez ce que disaient hier les évêques d'Irlande, à
qui l'on parlait d'union avec l'Etat et de salaire pour
leur église : « Reprenez vos offres; nous les regar-
« derions comme des chaînes pour nos ames, et comme
« la pire des calamités pour notre foi et pour l'Eglise! »

Passons à l'Etat. Il n'y a pas moins de compromission
et de tiraillement pour lui à se lier indissolublement
à une église, et à se charger du service et de l'administration d'une foi libre dans l'empire. Que fait-il,
en effet, et comment raisonne-t-il, en se chargeant de servir et de salarier directement la foi et les consciences ?
Il se fait à lui-même une statistique idéale, arbitraire
du nombre des catholiques réels et des besoins du personnel de l'enseignement et du culte ; il compte ensuite
combien cela fait en chiffres, en bourses gratuites ; il
porte ce chiffre sur son budget, à la charge de tous les
contribuables catholiques ou non, et il dit : « Tout est bien!
mon chiffre représente exactement, à une ame près, les
besoin réels de la conscience, de la foi, de la religion
dans mon empire. Dieu est servi selon sa mesure et
les hommes n'ont rien à dire. » Dieu est servi ? Les
besoins vrais de la conscience, de la foi, de la religion sont satisfaits ?..... Mais qu'en savez-vous ? Qui
vous a donné le droit et l'infaillibilité d'arbitrer ainsi le
grand inconnu ?. Et sans parler de cette absurde et ré-
voltante iniquité de faire payer, au non-croyant et au
non-pratiquant, le salaire et le service d'une religion
qu'il répudie, qu'il blasphème peut-être ; iniquité que
vous reprochez à l'Angleterre en Irlande, sans voir
que vous la commettez chez vous ; comment connaissez-
vous les besoins réels du service religieux de telle ou
telle foi ? Avez-vous été frapper sur chaque conscience,
une à une, et lui demander individuellement et confi-
dentiellement : Que crois-tu ? et dans quelle mesure
crois-tu ? Avez-vous fait voter la France *au scrutin
secret*, sur le mystère de ses croyances intimes ? Avez-

vous compté et pesé les voix ? Osez-vous dire que vous savez ce qu'il y a de foi, ce qu'il y a de doute, ce qu'il y a de philosophie, ce qu'il y a de religion, ce qu'il y a de besoin de catholicisme, ce qu'il y a de soif d'innovation dans cette grande ame de trente-quatre millions d'hommes ballottés, depuis un siècle, par les vents les plus contraires de doctrines ? Oseriez-vous affirmer devant Dieu que vous ne vous trompez pas, et que votre chiffre marque juste la statistique des consciences ? Non, vous ne l'oseriez pas, ou vous mentiriez ; vous vous trompez nécessairement, et vous vous trompez peut-être de dix ou douze millions de consciences, plus ou moins, Dieu seul le sait ! Peut-être donnez-vous trop, peut-être donnez-vous trop peu ! Peut-être ces vingt-cinq ou trente mille enfants des séminaires et petits-séminaires, nécessaires selon vous au recrutement annuel des ministres de la foi catholique, sont-ils en quantité trois fois supérieure aux vocations réelles et aux besoins sérieux des fidèles ! Peut-être ce nombre est-il insuffisant ! Peut-être l'enseignement catholique dépasse-t-il immensément la mesure des croyances dans les familles ! peut-être ne les satisfait-il pas du tout ! Peut-être avez-vous trop d'autels, peut-être pas assez, et le fidèle, dans vos campagnes, est-il trop éloigné des sources de sa foi et des conseils de ses guides religieux ! Tout est problème pour vous en pareille matière ; vous n'en connaissez pas les termes, et vous le résolvez ! Et quelle est la conséquence de l'erreur en pareille matière ? C'est que si vous vous trompez en moins, vous faites souffrir et dépérir une foi religieuse qui vivrait et multiplierait sans vous ! et que si vous vous trompez en plus, vous faites vivre d'une vie fausse, artificielle et toute politique, une foi qui, sans vous, ne porterait plus de fruits réels pour l'esprit humain, et qui laisserait germer et fructifier à sa place les croyances nouvelles que Dieu est libre de destiner à tous les temps ! Meurtre de la religion ou meurtre de la raison. Des deux côtés vous tuez quelque chose ; vous tuez dans les ténèbres et sans savoir quoi. Cet état n'est pas tolérable pour une société qui croit en Dieu ; et toute conscience murmure en secret et se révolte , soit que sa religion s'appelle *Christ*, soit que sa religion s'appelle Philosophie. Une telle société est coupable et ne peut répondre avec innocence devant le ciel de la première de ses charges ; les âmes de son peuple.

Quand l'Etat n'a plus de foi unanime , comme dans les siècles où nous sommes entrés il y a cinquante ans , que peut-il donc faire ? nous dira-t-on. Un pareil arbitrage appelé religion de la majorité ? Vous voyez ce que c'est : un mensonge convenu, qui règlemente et qui paie sans savoir dans quelle mesure il y a à payer. Une constitution civile du clergé , comme l'Assemblée-Constituante ? mais la constitution du clergé est divine , toute autre constitution créé un schisme national , une guerre civile ou une persécution. Un concordat perpétuel , où le souverain-pontife vous dicte à jamais les conditions immuables et la quotité fixe de l'établissement religieux dans l'empire ? Mais les conditions de cet établissement , le chiffre de ce personnel , la quotité de ce subside doivent être en rapport avec le chiffre et la quotité de la foi , et la foi est mobile comme la pensée humaine. Elle est aujourd'hui , demain elle n'est pas. Vous la servirez donc trop ou trop peu ; vous priverez des millions d'ames de leur aliment divin , ou vous soutiendrez des milliers d'autels qui n'auront plus d'adorateurs. Disette des âmes , ou surabondance d'un culte à l'entreprise ! Voilà le dilemme d'où vous ne sortirez pas dans le système d'une religion fondée et maintenue sur un pied fixe en vertu d'un concordat politique. Partagerez-vous entre le Catholicisme et l'Etat ? Mais la foi ne reconnaît pas et ne peut pas reconnaître de limites : conquérante par nature et par devoir, elle ne peut s'arrêter que là où Dieu l'arrête ; tout ce que les hommes lui disputent, elle doit l'arracher ; tout ce qu'ils lui refusent, elle doit le conquérir ; elle est par essence la monarchie universelle, puisqu'elle doit se croire la monarchie divine. Vous aurez beau lui faire une part immense ; elle trouvera toujours que c'est peu, car il lui faut tout. Vous verrez éternellement renaître , sous forme de séduction pieuse ou de violence morale, selon le temps, les prétentions , les envahissements , les dominations, les usurpations d'enseignement, de consciences ; de corporations, de propriétés sacrées. Vous lui aurez donné toute la place qu'elle vous refuserait l'air, et il ne faut pas l'en accuser, c'est son droit. La foi est la foi, c'est du feu ! il faut qu'elle brûle. Ne lui disputez pas ses aliments si vous voulez la paix. La paix n'est que dans la liberté. La dignité et l'indépendance de l'État ne sont que dans la liberté ; l'enseignement vrai n'est que dans la liberté, la foi efficace n'est que dans la liberté, la civilisation agissante n'est que dans la liberté ; Dieu, enfin, pour les peuples, n'est que dans la liberté. Les consciences sincères commencent à vous le crier des deux côtés du monde moral. Encore quelques conflits de cette nature, encore quelques guerres civiles d'enseignement, encore quelques froissements de la foi, encore quelques asservissements de la pensée, et tout le monde vous le criera enfin : « La situation présente ne peut pas durer un demi-siècle « impunément. »

Il faut que les hommes d'État commencent à en prévoir et à en préparer une autre. Il faut que l'opinion commence à demander la vérité dans la charte des consciences et dans les rapports de l'humanité avec Dieu.

Mais cette liberté, dit-on encore, comment la réglerez-vous ? nous pourrions répondre : Regardez tous les pays où les cultes sont libres ! on ne règle pas la liberté, on la proclame. On pose quelques limites de pure police civile, pour empêcher que la liberté des uns ne froisse ou ne scandalise la liberté des autres, et tout est dit. Mais nous n'irons pas même si loin du premier pas. Nous savons que tout changement est trouble, et que le devoir des hommes d'État est de graduer ces changements de telle sorte que tout grand changement soit une transformation pacifique et préservatrice, au lieu d'être une soudaine et tumultueuse révolution. Les gouvernements ne sont placés que pour cela à la tête des peuples. Ils sont comptables non-seulement de ce qu'ils font, mais de la manière dont ils le font. Voici comment un gouvernement à la fois résolu et prudent, ferme et juste, secondé par une législature éclairée, et soutenu par une opinion nationale irrésistible, peut et doit opérer enfin ce que l'Assemblée-Constituante a tenté sans audace, ce que la Convention a exécuté sans justice, ce que la foi et la civilisation, l'esprit de Dieu et l'esprit humain veulent sagement accomplir dans ce siècle. Ce sera son œuvre à lui, et ce sera assez pour lui s'il emporte cette gloire devant les hommes et ce mérite devant l'avenir. Le commencement du dix-huitième siècle aura donné la liberté aux citoyens ; le dix-neuvième aura donné la liberté aux ames.

Or, quel est le système qui peut et qui doit un jour rectifier une situation si fausse ? Le voici :

(Ici l'auteur de l'article énumère les dispositions législatives très simples, nécessaires pour passer à l'indépendance réelle des cultes, et par-là à la liberté de l'enseignement, sans commotion pour l'Etat, sans trouble pour les consciences, sans dépossession des ministres actuels du culte, et sans dommage pour l'établissement temporel et pour le régime financier de l'Eglise. Nous donnerons textuellement ces dispositions à leur heure et à leur place. Elles se résument toutes dans l'*association religieuse* légalisée et dans l'indépendance de l'établissement de l'Eglise, et en maintenant toutefois le *statu quo* du personnel et des traitements des ministres actuels des cultes jusqu'à l'extinction par décès des titulaires actuels. Quand l'Etat accomplit un changement notable dans son organisation administrative, le poids de ce changement ne doit jamais porter sur des individus, ni sur une seule classe de citoyens immolée à un principe, mais sur la nation tout entière.)

Cela fait, et l'Etat ayant rendu l'indépendance à l'Eglise, la liberté de cultes à tous les citoyens, la liberté d'enseignement aux familles, il revendiquera énergiquement à son tour son droit et sa liberté à lui. Il se souviendra que si l'Eglise est l'arbitre de la foi, que si le père de famille est l'arbitre de l'éducation de son enfant, il est, lui, l'Etat, l'arbitre et le tuteur de la civilisation. En laissant respectueusement la liberté légale à tout le monde, à tous les établissements religieux ou privés, la liberté d'enseignement à toutes les nuances de la foi et de la volonté des familles, il se reconnaîtra le droit et le devoir de leur faire concurrence par un vaste et puissant système d'enseignement civil. Il créera, il accroîtra avec les éléments qui lui appartiennent, avec le Ministère de l'Instruction publique, l'Université, les écoles primaires, normales, professionnelles, les écoles spéciales et polytechnique, les cours transcendants et gratuits multipliés dans tous les centres de population, son établissement d'instruction nationale. Cet enseignement national, sous la responsabilité de l'État, sera respectueux et tutélaire pour la conscience et pour la foi des familles, mais indépendant de l'Église; il n'aura avec elle que les rapports de culte librement et individuellement pratiqué. Ainsi se trouvera satisfait, par la triple concurrence de l'Église, des établissements privés et de la puissante centralisation enseignante de l'État, ce que veut la religion, ce que demande la famille et ce que commande l'État, cette famille souveraine qui a aussi charge d'âmes, quoi qu'on en dise, et qui répond à la postérité de la perpétuité et de l'accroissement de l'esprit humain. l'Église enseignera ce qu'elle croit, l'État enseignera ce qu'il pense. L'Église sera émancipée du Gouvernement, le Gouvernement émancipé de l'Église, la Philosophie émancipée des deux. Les âmes seront enlevées au budget et remises à leur foi et à Dieu. C'est l'état de l'Amérique, de la Belgique, et le monde voit si le sentiment religieux s'y éteint dans l'air de la liberté! C'est aussi la tendance du reste de l'Europe.

Il n'y a que deux classes d'hommes qui se récrieront contre les prétendues impossibilités de cette transformation: Ceux qui veulent abaisser la religion au rôle d'instrument politique; ceux qui veulent abaisser l'État au rôle d'instrument d'orthodoxie. En un mot, les incrédules à la foi, et les incrédules à la liberté.

Ah! nous savons comme ceux-là tout ce qu'il y a à dire,

Nous savons toutes les objections politiques sans réponse, au point de vue humain, qu'il y a à faire contre un système qui arrache les consciences à l'État, et la force de l'État à la domination morale des cultes nationaux. Les traditions de cette vieille alliance si solide encore, quoiqu'elle craque toujours! Cette main de la Religion dans laquelle on glisse le salaire des condescendances politiques qu'on voudrait obtenir d'elle, et qu'elle ne peut accorder! Ce gage de bonne harmonie et de dépendance mutuelle que se donnent le pouvoir temporel et le pouvoir civil; ces longues habitudes de l'esprit et des yeux dans la nation; cet éclat officiel que se renvoient le trône et l'autel, et qui double leur splendeur aux regards de la multitude! Ces plaintes, ces accusations! cette religion qui se dirait pauvre parce que son salaire n'aurait plus passé par le trésor public, qui se dirait avilie parce qu'au lieu de le recevoir par la main d'un percepteur porteur de contraintes, elle ne le recevrait plus que par la main d'un syndic de l'association établie! Ce pouvoir qui se sentirait désarmé parce qu'il n'aurait plus à sa dévotion l'immense personnel d'un clergé qu'il voudrait faire dépendant comme ses fonctionnaires! Ce peuple qui se croirait un moment sans Dieu, parce que son Dieu ne serait plus que dans le ciel, dans sa conscience et dans ses temples libres!.. Nous savons tout cela et bien d'autres choses encore... Autant de raisons d'ajournement pour les hommes politiques. Oui, vous tâcherez d'ajourner les difficultés divines pour simplifier les difficultés humaines. Vous direz à Dieu d'attendre, à la foi de patienter, à l'État de feindre, à l'enseignement de mentir, à la pensée humaine de se faire hypocrite, de s'asservir tout haut en se révoltant tout bas. Vous jouerez cette comédie sacrée, qui voudrait se servir de Dieu comme d'un instrument de police sociale. Vains efforts! vous ne gagnerez que peu d'années, et ces misérables années que vous croirez avoir gagnées pour la paix seront perdues pour la vérité, pour la religion, pour l'enseignement, pour la piété sincère des populations, et pour le mouvement libre et créateur de la raison humaine. Non! l'esprit humain, ne vous donnera plus de temps, la foi ne vous donnera plus de complaisances; le temps veut une solution, et il l'aura malgré vous. Ah! qu'il serait plus beau de la lui donner! de rendre à Dieu ce qui est à Dieu, et aux hommes ce qui est aux hommes!

Ajournons encore, dites-vous; Dieu se tait, et les embarras politiques nous pressent.

Non, vous n'ajournerez pas impunément la conséquence de la liberté de penser. La liberté de penser, c'est la liberté de croire; et la liberté de croire, c'est la liberté d'enseigner. Ces deux libertés vous feront violence à la fois au nom de la religion et au nom de l'innovation! L'une est comprimée et l'autre souffre. Votre religion politique serait le sépulcre d'un autre *Gethsémani*: on l'ouvrirait un jour et on n'y trouverait rien. Il se remue dans les esprits et dans les consciences quelque chose qui demande l'air, la liberté, l'espace, la lumière, et qui fera violence à tous les gouvernements qui lui refuseront passage. Ne le sentez-vous pas à ces aspirations sourdes, à ces mouvements désordonnés et convulsifs du monde de la pensée et du monde politique, depuis près d'un siècle? Croyez-vous que tout cela s'agite, s'ébranle, se dissout, se pulvérise et se recompose seulement pour modifier quelques formes presque indifférentes de gouvernement? Non, ce mouvement part de plus loin et va plus haut. C'est l'ame humaine qui s'agite, qui se tourmente, qui cherche, et qui s'agitera jusqu'à ce qu'elle ait trouvé. La question religieuse est au fond de toutes ces questions. Vous ne le voyez pas, mais Dieu est là. Toutes ses pensées marchent devant lui pour faire place à quelque chose. Et qu'est-ce que cela peut être, si ce n'est l'émancipation du principe religieux et son rajeunissement dans la liberté, sous la forme traditionnelle ou sous toutes les formes libres, dans la nation et dans l'humanité? Ne vous imaginez pas lui faire obstacle bien longtemps encore avec ces vains semblants d'orthodoxie politique, qui ne servent qu'à masquer l'indifférence ou l'incrédulité de vos législations. Le sentiment religieux, un moment distrait par les luttes de la liberté et par la guerre, se réveille avec énergie dans le repos dont jouit le monde. Et comment cela ne serait-il pas? Est-ce que le cœur humain a été pétri d'autre chose que de choses divines par la main de son Auteur? Cette divinité du principe de l'ame humaine se révolte contre la sécheresse et contre le matérialisme des intérêts purement terrestres qu'agite la politique, ce culte du temps. La société n'a pas seulement une tête pour penser. Elle a un cœur aussi pour aspirer et pour palpiter sous la main de la religion; elle ne vit pas seulement d'idées, elle vit de sentiment avant tout. Elle a beaucoup pensé; elle a remué des millions d'idées depuis cent ans; mais le sentiment lui manque; elle a besoin de le retrouver à sa source, qui est une foi. Elle a besoin de croire, d'adorer, d'aimer, d'agir, de se dévouer, de remplir et de répandre son cœur, de confesser son Dieu par la foi, de le chercher par la philosophie, de le manifester par la parole, de le servir par le culte, de l'embrasser par l'amour, et d'épancher cet amour en actes d'adoration devant le ciel, et de fraternité devant les hommes! Si la loi l'oublie, la nature le sait, elle; et vous voyez qu'en dépit de vos lois l'humanité se précipite à tous les autels. C'est que c'est là, au fond, le seul but de toute civilisation véritable. Ne soyez pas si fiers de quelques conquêtes de la liberté sur le despotisme, ou de quelques conquêtes de la science sur la matière. Ces conquêtes n'ont de prix qu'autant qu'elles rapprochent l'homme social de Dieu. Toute civilisation qui n'aboutit pas à un acte d'adoration et à une morale est un avortement. Mais le temps n'avorte pas, car ce qu'il conçoit, il le conçoit de Dieu; et il l'enfante pour l'éternité!

Laissez donc au sentiment religieux sa place et sa liberté, et ne craignez pas que la Religion tombe parce qu'elle ne sera plus soutenue par la main fragile et souvent odieuse du pouvoir humain; ne craignez pas que le feu de l'autel s'éteigne parce que vous ne le rammerez plus avec le souffle profane et souvent mortel du pouvoir ; laissez-y souffler librement tous les vents de croyances et de doctrines : au lieu d'un tiède et unique foyer que vous couvez sous votre main, vous aurez un foyer ardent et immense dont les étincelles partout semées iront rallumer la lumière et répandre la chaleur sur votre société qui se refroidit.

Nous le répétons : Le sentiment religieux est tout l'homme. Mais, pour être puissant, il faut qu'il soit vrai, et pour être vrai il faut qu'il soit indépendant. S'il n'y a rien de plus beau aux regards des hommes et des anges qu'une grande famille humaine qui s'agenouille devant l'éternel idéal de ses pensées, qui lui rend le culte de la foi, de la prière et de la vertu, qui se presse dans ses temples en présence de l'invisible, qui s'efforce, en élevant les mains de toute une nation vers le ciel, de nouer cette chaîne qui unit cette ame de peuple et ce monde infime et passager à la grandeur, à la sainteté et à l'éternité de son Auteur, il n'y a rien de plus hideux et de plus impie sous le soleil qu'un pouvoir politique qui se place entre Dieu et l'ame de ce peuple, qui veut administrer à sa convenance, à sa mesure et à son profit la pensée, la foi, la vérité, la conscience d'une nation, et qui affecte avec l'hypocrisie de la politique une foi qui ment dans sa bouche aux hommes, et un culte qui grimace à Dieu !

Restituons-nous donc les uns aux autres la place, la liberté, le respect qui nous appartiennent. La terre est assez vaste pour que tous ceux qui veulent adorer Dieu, dans tous les rites, puissent s'agenouiller devant lui sans se coudoyer et sans se haïr.

**

(Étude politique.)